AF233216

Les Citoyens de la Section des Quatre-Nations aux Citoyens des quarante-sept autres Sections de Paris.

Je poursuivrai tous les factieux, de quelque parti qu'ils soient.
MIRABEAU.

FRÈRES ET AMIS,

Les temps de révolutions amènent nécessairement de grands complots, de grands événemens. Le peuple étoit mécontent de la constitution ; cependant il attendoit avec constance l'ajournement qu'elle avoit prononcé elle-même pour sa révision. Mais le pouvoir exécutif constitutionnel, haineux, malveillant, stationnaire sur ses plans, et conspirateur, livroit à chaque instant des attaques à la liberté jusque dans ses premiers élémens : c'étoit avertir la liberté qu'elle devoit elle-même renverser et les trônes et les rois, puisqu'ils ne pouvoient exister ensemble.

Une guerre a donc été proclamée ; des combats se sont livrés, la victoire s'est décidée pour le peuple ; le peuple triomphe, la liberté reste, elle est impérissable, elle restera.

Citoyens, dans les temps de révolutions,

A

il faut sur-tout savoir diriger les élans du courage : les politiques les mesurent, et ils doivent les faire frémir ; mais les bons patriotes savent les contenir pour les faire servir au maintien des vertus publiques et des courages qui, tantôt irréfléchis, tantôt raisonnés, se confondent, se neutralisent, comme pour préparer toujours le succès.

Il est aussi des instans de découragement et de lassitude, où les chefs doivent paroître téméraires, pour faire renaître une confiance audacieuse ; c'est dans toutes ces circonstances que le cœur humain se déploie, et que la nation qui agit, se montre ce qu'elle est. Dans ces différentes situations on ne sait ni où l'on est, ni où l'on va, ni ce qu'on veut, ni ce qu'on doit vouloir ; mais rarement cependant le peuple fait des méprises : des partis se forment, mais ils tendent, sans le savoir, à la sûreté publique, car ils s'ébranlent, ils se détruisent réciproquement: ils peuvent bien être injustes, mais jamais ils ne peuvent être pernicieux sur la terre de la liberté. Ils se balancent, et par leur propre pesanteur ils nous défendent, ils nous préservent de tout engouement insensé. La tactique de leurs froissemens, l'application des exemples, l'équipondérance du zèle, toutes les mesures réciproques des différens partis deviennent inhabiles et incapables de prévaloir l'une sur l'autre. Ainsi les divisions, les haines, l'ambition, la rivalité, les intrigues, les factions, rien de tout cela n'étendra sa puissance sur le peuple, parce que le peuple ne voudra ni de *Sylla*, ni de *Marius*, ni d'*Antoine*; parce que le peuple ne voudra point obéir à un *Octave*, devant lequel, à la honte de la liberté de Rome, tous les pouvoirs vinrent se courber.

Peut-être faut-il, pour que la liberté reste, peut-être faut-il encore que les plaintes continuent de circuler sourdement; que les passions, tour à tour aigries ou calmées, préparent pendant long-temps le règne absolu de l'égalité. Cette habitude menaçante secoue la paresse; elle fait sortir les citoyens d'un état d'inertie funeste à la liberté; elle pèse sur les volontés particulières, et rehausse toujours la volonté générale. Ainsi un premier pas vers la liberté nous met à même d'en faire un second, puis un troisième, puis enfin le dernier.

Est-il nécessaire de le répéter? au milieu de la guerre, et de la guerre pour la liberté, au moment où s'ouvre l'assemblée conventionnelle de la nation, nous devons nous attendre à de nouveaux orages, à des agita-

A 2

tions salariées , à des perturbations ambi-
tieuses , à des complots anarchiques : tantôt
ils seront purement populaires et politiques ;
mais d'autres fois aussi ils auront des vues
profondes , et ils tiendront à des machina-
tions criminelles , audacieuses , qui seront
l'œuvre des ennemis extérieurs , réunis aux
hommes ambitieux ou corrompus : mais ces
grands conspirateurs , mais leurs combinai-
sons conjuratrices et toutes leurs réactions
entreprenantes , tout disparoîtra devant la
volonté du peuple , du peuple instruit, dé-
fiant et aimant l'exécution des loix.

(1) Dans des observations contemplatives
sur la situation politique d'un peuple , situation tout à fait semblable à celle où nous
nous trouvons , *Raynal*, dans le moment de
la pureté de son cœur et de l'énergie de son
ame , se faisoit cette question : « Quel est
» alors le rôle des puissances voisines ? Tel
» qu'il a été dans tous les temps et dans
» toutes les contrées ; c'est de semer des
» ombrages entre tous les *citoyens* ; c'est
» de leur suggérer les moyens d'avilir, d'a-
» baisser , d'anéantir l'autorité *légitime* ;
» c'est de corrompre ceux mêmes qui sont

---

(1) Liv. 19, tome X.

» rassemblés pour *l'organiser* ; c'est de faire
» adopter quelques formes d'administration
» également nuisibles à tout le corps natio-
» nal qu'elle appauvrit , sous le prétexte de
» travailler à sa liberté. . . .

» Quel est alors l'état de la nation ? Qu'a
» produit l'influence des puissances voisines?
» Elle a tout confondu , tout bouleversé ,
» tout séduit par son argent et par ses me-
» nées. Il n'y a plus qu'un parti , *c'est le*
» *parti de l'étranger.* »

Citoyens , défions-nous *du parti de l'é-*
tranger ; il est dans Paris , il est dans nos
murs, il y est plus redoutable qu'on ne pense.
Entourons-nous de défiances , portons-nous
réciproquement la lumière pour le combattre.

Ne nous séparons jamais de la chose publique ; isolons nous de tous les chefs d'o-
pinion , qui ne doivent souvent leur réputa-
tion qu'au parlage , qu'à de l'audace sans
vertu , sans moralité, sans courage ; ne nous
sacrifions plus qu'à la chose ; pensons , réflé-
chissons par nous-mêmes , ne souffrons plus
que d'autres s'arrogent le droit de penser et
de considérer pour nous ; car, sans nous en
douter, ce seroit nous donner des maîtres,
nous serions les janissaires de certains per-
sonnages , et nous cesserions d'être les sol-

dats de la liberté.... Mais, dira-t-on, *celui-là a bien servi son pays*.... Il n'a fait que son devoir: s'il fût resté dans l'inaction, un autre citoyen eût occupé son poste, et il eût peut-être servi le peuple avec plus de gloire ! D'ailleurs, si nous voulons être libres, vraiment libres, ne jugeons les hommes qu'à la journée, ne nous souvenons jamais de la veille, examinons aujourd'hui, et attendons encore demain, car tout est péril pour la liberté, si nous avons la foiblesse de sacrifier aux personnes, et de donner des préférences.

Mably (1), cet écrivain vertueux a su nous présenter aussi une situation pareille à celle qui nous dévore, comme pour nous reproduire. « Si les citoyens, dit ce philosophe, » après avoir rendu l'autorité méprisable, « parviennent à ne plus craindre et à ne » plus respecter les magistrats, on tombe » dans l'anarchie. La licence de tout faire » produit tous les abus : bientôt tout le » monde est mal à son aise ; on offense, » on est offensé ; on opprime, on est op- » primé ; on se lasse à la fin de cette si-

____

(1) Dans ses observations prophétiques en son traité des Droits et des Devoirs du Citoyen, page 349.

» tuation incommode , on veut recourir aux
» loix ; mais leur autorité est avilie ; et dès
» qu'on ne peut en attendre aucun secours ,
» chacun pourvoit à sa sûreté particuliére
» en faisant des ligues et des partis : les
» passions deviennent atroces ; chaque ca-
» bale a son chef qu'elle regarde comme son
» protecteur et son vengeur , et il s'élève
» un tyran sur les ruines de l'anarchie. »

Non , citoyens , il ne s'élevera pas de tyran au milieu d'un peuple libre , ni pour
opprimer un peuple qui veut des loix , qui
demande des loix et un gouvernement. Sous
quelque dénomination que ce soit, le peuple français , qui vient d'abolir la royauté ,
ne veut être maîtrisé que par la loi : ainsi ,
si nous voulons vivre et mourir républi-
cains , défions-nous de tous ceux qui , au
milieu de notre état d'inconstitution , veu-
lent , par un *accaparement* de popularité, se
constituer EN CHEFS ; la liberté n'en veut et
n'en reconnoît aucun.

D'autres , plus coupables peut-être , vou-
droient devenir les maîtres par l'effet de la
terreur ; car ils savent que la terreur fait
prononcer les isolemens ; qu'elle détruit les
liens de la société ; qu'elle sépare les fa-
milles , les amis , et qu'elle contraint les

citoyens de rester dans leurs maisons, *muets,* *inquiets* sur l'état de la chose publique, inhabiles à y particiter par aucune volonté active, entreprenante, courageuse et pure comme la vertu. Oui, la terreur se jette au milieu des citoyens par les proscriptions, par les emprisonnemens, par les peines, par le sang: or, dit Montesquieu (1), « quand
» une république est parvenue à détruire
» ceux qui vouloient la renverser, il faut
» se hâter de mettre fin aux vengeances,
» aux peines et aux récompenses mêmes.

» On ne peut faire de grandes punitions,
» et par conséquent de grands changemens
» *sans mettre dans les mains de quelques*
» *citoyens, un grand pouvoir.* Il vaut donc
» mieux, dans ce cas, pardonner beaucoup,
» que de punir beaucoup ; exiler peu, qu'exi-
» ler beaucoup ; laisser les biens, que de
» multiplier les confiscations. Sous prétexte
» de la vengeance de la république, on établi-
» roit la tyrannie des vengeurs : il n'est pas
» question de détruire celui qui domine, mais
» la domination : il faut rentrer, le plus tôt
» que l'on peut, dans ce train ordinaire du
» gouvernement, où les loix protégent tout,
» et ne s'arment contre personne ».

---

(1) Esprit des Loix, chap. 18.

(9)

Cependant, on sait toujours présenter au peuple ces proscriptions comme une nécessité, comme un besoin pénible, enfin, comme le salut public : en cela on se reporte à la formule des anciennes proscriptions. « Et
» vous diriez, continue Montesquieu, qu'on
» n'y a d'autre objet que le bien de la répu-
» blique, tant on y parle de sang-froid; tant
» on y montre d'avantages; tant les moyens
» que l'on prend sont préférables à d'autres;
» tant les riches seront en sûreté; tant le
» peuple sera tranquille; tant on craint de
» mettre en danger la vie des citoyens; tant
» on veut appaiser les soldats; tant enfin on
» sera heureux.

» Rome étoit inondée de sang, quand
» *Lépidus* triompha de l'Espagne; et, par
» une absurdité sans exemple, sous peine
» d'être proscrit, il ordonna de se réjouir ».

Citoyens, ne nous laissons point égarer; ne nous laissons point abattre : la liberté est là, qui nous attend. Que la popularité des uns, que la terreur dont s'entourent les autres; que les proscriptions, que les vengeances, que les conjurations, que les défiances, que sur-tout la crainte de l'anarchie, que rien ne nous éloigne du chemin de la liberté; notre constance nous la promet, nos vertus nous la préparent , notre union la garantira.

Que ceux-là qui ont aidé le peuple à renverser les trônes et à renvoyer les rois, ne puissent
donc jamais, NON JAMAIS!..... espérer de se
faire mettre à leur place : nous ne voulons de
tyrans sous aucune dénomination, sous aucun
masque, pas même sous celui de la vertu.
Nous ne voulons ni dictateur , ni décemvirs ,
ni triumvirs, ni protecteur, ni pontife : nous
voulons LA LOI SUR LE TRÔNE, ET RIEN QUE LA
LOI ; et, en signe de ce vœu que nous vous
engageons à exprimer de nouveau avec nous,
avec vos frères , nous vous proposons de porter ensemble , au milieu de l'assemblée con-
ventionelle, un trône somptueux, sur lequel
sera placé le livre de la loi, ET RIEN QUE LE
LIVRE DE LA LOI ; au dessus du trône une main
libre, tenant un poignard, menaçant celui
qui oseroit le déplacer pour s'y asseoir ; avec
cette inscription : FRAPPE..... TU AURAS BIEN
MÉRITÉ DE LA PATRIE.....

Citoyens, c'est avec cette puissante réso-
lution que nous ferons frémir nos ennemis,
et sur-tout surnager la volonté du PEUPLE
SOUVERAIN sur toutes les volontés particulières de tous ceux qui, pour avoir rendu des
services, et obtenu des marques de confiance,
oseroient se placer entre le peuple et la loi ,

et se présenteroient eux seuls pour soutenir la liberté, comme Atlas portoit le monde !

La liberté, l'humanité, la justice, l'intérêt du peuple, assurément, ce sont-là de grands mots ; mais ils ne doivent pas nous séduire : mais ce ne sont pas ceux qui *les profèrent le plus souvent* qui sont les plus dignes de notre confiance ; *ni ceux-là qui se cachent lorsque le danger est imminent, ou qui ne se montrent que lorsqu'il n'est point encore arrivé* ; ce ne sont point les désorganisateurs qui sont les vrais amis du peuple (1), mais seulement ceux qui ont pour eux des actions, et qui ont donné des exemples ; ceux qui sont courageux avec modestie, qui sont persévérans sans audace, et qui ont servi le peuple avec constance, et sur-tout en lui disant des vérités sévères. Citoyens, replions et étendons nos pensées sur tout ce qui s'est passé, sur tout ce qui nous environne, et sur tout ce qui nous attend encore. Recherchons, en nous éclairant mutuellement, quels sont les hommes de courage, et qui ont des vertus ; mais que ce soit encore sans nous asservir, mais que ce soit toujours avec cette pensée, que le légis-

____

(1) Se donner (à soi) le nom d'*Ami du Peuple*, ou bien obtenir ce titre honorable par l'opinion, ce sont deux choses très-différentes.

lateur n'est pas la loi; que le juge n'est pas la justice; que les ministres des cultes ne sont point la piété........ enfin, que les hommes, quels qu'ils soient, et quels que soient les noms qu'ils portent, ne sont pas la chose publique; qu'ils ne la seront jamais, et qu'ils ne doivent point espérer de nous faire méprendre.

Les citoyens de la section des Quatre-Nations, invitent tous leurs concitoyens de Paris à prendre un arrêté conforme au leur, et de nommer des commissaires, qui s'assembleront le samedi, 6 *octobre*, à la maison commune, *dans le bureau central*, *à* 9 *heures du matin*, pour prendre les mesures d'exécution, à l'effet de porter, au milieu des représentans du peuple, le vœu des sections contre tous les chefs de partis; car le PEUPLE SOUVERAIN ne veut avoir, pour régulateur, que la loi qui nous garantit la *liberté*, *l'égalité*, *le respect des personnes*, *et la sûreté des propriétés*. Puisse le vœu des citoyens de la section des Quatre-Nations, être bientôt celui de tous les peuples de la terre.

Arrêté le 12 septembre, et approuvé pour l'impression, le 25 du même mois, l'an premier de la république.

MUTEL, *président;* THIERY, *secrétaire.*